AF550663

Bibelbilderbuch

mit Illustrationen von Kees de Kort

BAND

5

Bartimäus

—

Jesus in Jerusalem

—

Jesus ist auferstanden

—

Himmelfahrt und Pfingsten

—

Ein Afrikaner wird getauft

DEUTSCHE BIBELGESELLSCHAFT

Die Deutsche Bibelgesellschaft ist eine kirchliche Stiftung des öffentlichen Rechts. Sie übersetzt die biblischen Schriften, entwickelt und verbreitet innovative Bibelausgaben und eröffnet für alle Menschen Zugänge zur Botschaft der Bibel. International verantwortet sie die wissenschaftlichen Bibelausgaben in den Ursprachen. Durch die Weltbibelhilfe unterstützt sie in Zusammenarbeit mit dem Weltverband der Bibelgesellschaften (United Bible Societies) weltweit die Übersetzung und Verbreitung der Bibel, damit alle Menschen die Bibel in ihrer Sprache lesen können.

Weitere Informationen finden Sie unter www.die-bibel.de

ISBN 978-3-438-04655-0

Nacherzählung und Nachworte: Hellmut Haug
Illustrationen: Kees de Kort

Gestaltung: Michaela Mayländer, Stuttgart
Druck: Livoniaprint, Riga

Printed in Latvia

Bartimäus

Jesus wandert mit seinen Jüngern durch das Land.

Er kommt in die Stadt Jericho.
Viele Menschen stehen am Straßenrand.
Auf der Erde sitzt Bartimäus.

Bartimäus ist blind.
Er kann nicht arbeiten.
Er muss betteln.

Bartimäus hört, dass Jesus vorbeikommt.
Er ruft ganz laut:
„Jesus, hilf mir!“

Die Leute am Straßenrand sagen:
„Schrei nicht!
Du störst Jesus.
Sei still!“

Bartimäus ruft noch viel lauter:
„Jesus, hilf mir!
Jesus, hilf mir!“

Jesus bleibt stehen.

Er sagt: „Ruft ihn her!“

Die Leute sagen zu Bartimäus:
„Steh auf, Jesus ruft dich!“

Bartimäus wirft seinen Mantel zur Erde.
Er läuft zu Jesus.

Jesus fragt Bartimäus:
„Was willst du?“

Bartimäus sagt:
„Herr, ich will sehen können!“

Jesus sagt:
„Du vertraust mir.
Darum wirst du sehen.“

Und auf einmal kann Bartimäus sehen.

Er lässt alles liegen und geht mit Jesus.

Bartimäus

Jesus ist auf dem Weg nach Jerusalem. Eine große Menschenmenge zieht hinter ihm her. Sie wird ihm dort einen triumphalen Einzug bereiten – und wenige Tage später rufen: „Ans Kreuz mit ihm!"
Hinter Jesus herlaufen ist nicht genug. Was erwarten die Menschen von Jesus? Haben sie verstanden, was Jesus ihnen bringt und was er von ihnen will?
In der Geschichte von der Heilung des blinden Bettlers (der Name spricht sich Bartimä-us, wie Matthäus) begegnen uns zweierlei Menschen.
Da sind einmal die Leute am Straßenrand, die es unpassend finden, dass ein schmutziger Bettler Jesus belästigt und sein Elend so laut hinausbrüllt. Es können durchaus fromme Leute sein. (Auch bei uns kommt es immer wieder vor, dass wir in unserer Andacht gestört werden durch ein solches, nicht unbedingt nur hörbares „Brüllen".) Die Darstellung im Bilderbuch lässt sie am Straßenrand stehen und Jesus erwarten. Der Künstler wollte die „Parteien" übersichtlich gegenüberstellen. Nach dem Bibeltext gehören sie zu der Menge, die Jesus begleitet; wir können uns vorstellen, dass sie ihm vorausziehen.
Und da ist zum andern der Blinde am Wegrand, einer der vielen, denen niemand helfen kann und die ihre Not und ihre Hoffnung hinausschreien: „Jesus, hilf mir!" Jesus hört den Hilferuf. Er fühlt sich nicht belästigt – so wenig wie damals, als besorgte Jünger die Kinder von ihm fernhalten wollten. Jesus kann helfen und er hilft gern.
Aber die Geschichte wird nicht nur weitererzählt, weil damals ein Blinder sehend wurde. Blindsein oder Sehen – das ist eine Frage an uns alle, auch und gerade an die im äußeren Sinne Sehenden.
Schon als er noch blind war, sah Bartimäus mehr als die anderen, die Jesus vor Augen hatten. „Jesus, du Sohn Davids", ruft er nach dem biblischen Text. Er erkennt in Jesus den lang ersehnten Retter aus der Nachkommenschaft des großen Königs David, den Gott (nach der Botschaft der Propheten) seinem Volk und der Welt senden will. Und er folgt Jesus bedingungslos – gerade jetzt, wo sein Weg ans Kreuz führt.

Die Geschichte von der Heilung des blinden Bartimäus steht im Evangelium (der Guten Nachricht) nach Markus, Kapitel 10, Verse 46-52.

Jesus in Jerusalem

Jesus ist auf dem Weg nach Jerusalem.
Seine Jünger gehen mit.
In Jerusalem wollen sie das Passa-Fest feiern.

Jesus sagt zu den Jüngern:
„In Jerusalem wird man mich töten,
aber nach drei Tagen werde ich vom Tod auferstehen."
Die Jünger verstehen nicht, was Jesus sagt.

Es ist nicht mehr weit nach Jerusalem.
Jesus ruft zwei von den Jüngern zu sich
und sagt zu ihnen:
„Geht voraus in das Dorf!
Dort findet ihr eine Eselin
und einen jungen Esel.
Bindet die beiden los.
Bringt sie her.
Wenn euch jemand fragt, dann sagt:
Der Herr braucht sie!
Wir bringen sie bald wieder zurück.“

Die Jünger holen die Esel und bringen sie zu Jesus.
Sie legen dem jungen Esel
ihre Oberkleider auf den Rücken.

Jesus setzt sich auf den Esel.
So reitet er das letzte Stück nach Jerusalem.

Viele Menschen sind auf dem Weg zum Fest.
Sie sehen Jesus auf dem Esel und denken:
Ist das vielleicht unser König?
Sie legen ihre Mäntel auf den Weg
und reißen Zweige von den Bäumen.

Die Menschen rufen laut:
„Hosianna!
Wir grüßen unseren König!
Er richtet das Reich
seines großen Vorfahren David
wieder auf!
Gott hat ihn geschickt.
Gott segne ihn!
Gepriesen sei Gott in der Höhe!“

Jesus reitet in die Stadt.
Die Leute von Jerusalem fragen:
„Wer kommt denn da?“

Die Menschen um Jesus antworten:
„Jesus, der Prophet aus Nazaret!
Jetzt trifft ein, was Gott gesagt hat:
Dein König kommt, Jerusalem!
Er verzichtet auf Gewalt.
Er reitet auf einem Esel.“

Das Passa-Fest beginnt.
An diesem Abend isst man
in jedem Haus ein Passa-Lamm.

Auch Jesus will mit seinen Jüngern
das Passa-Lamm essen.
Die Jünger bereiten alles vor.
Sie haben Brot und Wein.

Am Abend setzen sie sich zu Tisch.
Jesus nimmt ein Brot.
Er dankt Gott dafür.
Er bricht es in Stücke
und gibt jedem etwas davon.

Dazu sagt er:
„Nehmt und esst!
Das ist mein Leib.
Ich gebe ihn für euch alle.“

Dann nimmt Jesus den Becher mit Wein.
Er dankt Gott dafür.
Er gibt ihn den Jüngern und sagt:
„Trinkt alle daraus!
Das ist mein Blut.
Ich vergieße es für euch alle.
So zeigt Gott euch seine Liebe.
Er vergibt euch alle eure Schuld.“

Während sie essen, sagt Jesus auf einmal:
„Einer von euch wird mich verraten!“
Die Jünger sind ganz entsetzt.
Sie fragen Jesus, einer nach dem anderen:
„Du meinst doch nicht mich, Herr?“

Jesus gibt Judas ein Zeichen.
Bald danach verlässt Judas den Raum.
Er geht zu den führenden Priestern.
Er verrät ihnen, wo sie Jesus finden können.
Sie wollen Jesus gefangen nehmen,
aber niemand soll etwas merken.

Das Passa-Mahl geht zu Ende.
Sie singen das Festlied:
„Danket dem Herrn, denn er ist freundlich,
und seine Güte währet ewiglich."
Dann verlassen sie das Haus.
Sie wollen die Nacht im Freien zubringen.
Sie gehen zum Ölberg.

Sie kommen in den Garten Getsemane.
Es ist schon dunkel.

Jesus sagt:
„Ich will nach dort drüben gehen und beten.
Wartet auf mich.
Betet auch ihr, und bleibt wach!“

Jesus in Jerusalem

Von einer Menschenmenge begleitet, kommt Jesus nach Jerusalem. Die aufsehenerregende Weise, in der er dort einzieht, lässt erkennen, dass er eine Entscheidung herbeizuführen sucht. Die führenden Kreise des jüdischen Volkes, die Priester und Häupter der Religionsparteien, werden mit dem Anspruch konfrontiert: In Jesus ist der verheißene und von allen erwartete Heilsbringer, der gottgesandte Retter (Messias) da. „Siehe, dein König kommt zu dir“: Diese Zukunftsvision des Propheten Sacharja geht jetzt in Erfüllung (Sacharja 9,9-10).

An das Prophetenwort erinnert ganz direkt die Wahl des Reittieres. Ein Esel ist an sich nichts Besonderes; jeder Bauer, jeder Reisende benutzt ihn als Reit- oder Lasttier. Nach Sacharja wird mit dieser Wahl ein Zeichen gesetzt, von welcher Art die Herrschaft dieses Königs ist. Kein Imperator, kein Kriegsheld hoch zu Ross, in Panzer und Waffen, naht sich hier:

Dein König kommt zu dir, Jerusalem!
Er verzichtet auf Gewalt.
Er reitet auf einem Esel ...
Er schafft die Pferde und Streitwagen ab,
die Kriegsbogen werden zerbrochen.
Er stiftet Frieden unter den Völkern ...

Durch ein Missverständnis des Prophetenwortes wird im Matthäus-Evangelium auch noch die Eselsmutter herbeigebracht. Sacharja gebraucht das dichterische Stilmittel des Parallelismus: „Er reitet auf einem Esel, auf dem Jungen der lasttragenden Eselin.“ Matthäus versteht das als Aufzählung und verbindet die beiden Aussagen mit einem „und“.

Der zweite Teil der Geschichte berichtet vom letzten Mahl Jesu mit seinen Jüngern am Passa-Abend. Israel feiert am Passa-Fest die Erinnerung an die grundlegende Gottestat der Befreiung aus Ägypten. Im Einzelnen findet man Sinn und Ablauf des Festmahles geschildert in 2. Mose/Exodus 12,1-11. Die Passa-Lämmer wurden (als Opfertiere) am Tempel geschlachtet und dann im Familienkreis in den Häusern verzehrt. Für die Festpilger – und so auch für Jesus und seine Jünger – wurden in Jerusalem Räume zur Verfügung gestellt.

Jesus weiß, dass dies zugleich sein Abschiedsmahl ist. So feiert er mit seinen Jüngern ein neues Gedächtnismahl, in dem nicht mehr die Befreiung Israels aus Ägypten, sondern die Erlösung aller Menschen durch seinen Opfertod am Kreuz im Mittelpunkt steht. Dieses „Abendmahl“ (auch Eucharistie genannt) wird von den Christen nicht nur einmal im Jahr, sondern während des ganzen Jahres regelmäßig gefeiert. Es bringt in besonders eindringlicher Form die Gegenwart des lebendigen Christus bei seiner Gemeinde zum Ausdruck.

Die Geschichte vom Einzug in Jerusalem und vom letzten Mahl Jesu wird in drei Evangelien erzählt: bei Matthäus in Kapitel 21,1-11 und 26,17-36; bei Markus in Kapitel 11,1-10 und 14,12-25; bei Lukas in Kapitel 19, 28-38 und 22,7-23.

Jesus ist auferstanden

Jesus geht tiefer in den Garten hinein.
Er ist allein.
Er wirft sich zur Erde.
Er betet:

„Mein Vater, hilf mir!
Ich habe Angst.
Wenn es sein kann,
erspare mir das bittere Leiden!
Aber nicht, wie ich will,
sondern wie du willst."

Da kommt schon Judas
mit einem Trupp Soldaten.
Sie haben Fackeln und Waffen.

Judas deutet auf Jesus:
„Der ist's!"
Die Soldaten nehmen Jesus gefangen.

Sie bringen Jesus zum Obersten Priester.
Der fragt Jesus:
„Hat dich Gott gesandt?
Bist du der Sohn Gottes?“

Jesus antwortet: „Ja!“
Der Oberste Priester und die anderen Richter sagen:
„Habt ihr das gehört?
Er macht sich selbst zu Gottes Sohn.
Dafür muss er sterben.“

Sie bringen Jesus zum römischen Statthalter.
Er heißt Pilatus.
Nur Pilatus darf jemand zum Tod verurteilen.
Die Soldaten ziehen Jesus einen Königsmantel an.
Sie setzen ihm eine Krone aus Dornen auf.
Sie machen sich über ihn lustig.

Pilatus sagt zum Volk:
„Da habt ihr euren König!“
Aber alle rufen:
„Ans Kreuz, ans Kreuz mit ihm!“
Pilatus sagt:
„Gut, er soll gekreuzigt werden.“

Die Soldaten führen Jesus ab.
Er muss selbst sein Kreuz tragen.
So kommen sie zu dem Hügel Golgatha.

Die Soldaten nageln Jesus ans Kreuz.
Alle Jünger haben Jesus verlassen.
Nur seine Mutter Maria ist da,
und einer von den Jüngern, Johannes.
Jesus sagt zu Maria:
„Johannes ist von jetzt an dein Sohn."
Und zu Johannes sagt er:
„Maria ist von jetzt an deine Mutter."

Die führenden Priester verspotten Jesus:
„Er soll doch vom Kreuz heruntersteigen!
Dann glauben wir, dass er Gottes Sohn ist."

Plötzlich wird es am hellen Tag finster.
Jesus ruft: „Es ist alles vollbracht!"
Dann lässt er das Haupt sinken und stirbt.

Jesus ist tot.
Freunde von ihm nehmen seinen Leib vom Kreuz.
Maria und andere Frauen sehen zu.

Die Männer legen den toten Jesus in ein neues Grab.
Das Grab ist in einen Felsen gehauen.

Die Männer rollen einen runden Stein
vor die Grabkammer.

Es ist keine Zeit mehr, um den Toten zu salben.
Der Sabbat hat schon begonnen.
Niemand darf jetzt eine Arbeit tun.
Alle gehen weinend nach Hause.

Als der Sabbat vorbei ist,
kommen die Frauen zum Grab.
Sie wollen Jesus salben.

Das Grab ist offen,
Jesus ist nicht mehr da.

Ein Engel sagt zu den Frauen:
„Was sucht ihr den Lebenden bei den Toten?
Er ist auferstanden vom Tod. Er lebt!
Sagt es seinen Jüngern."

Am gleichen Tag gehen zwei Jünger
von Jerusalem nach Emmaus.
Man braucht für diesen Weg ein paar Stunden.
Sie sind niedergeschlagen,
weil Jesus gestorben ist.
Die ganze Zeit sprechen sie darüber.
Die Frauen haben gesagt: „Das Grab ist leer."
Aber was ändert das?
Wer tot ist, bleibt tot.

Ein Wanderer kommt, der denselben Weg geht.
Es ist Jesus,
aber sie erkennen ihn nicht.
Sie erzählen ihm, warum sie so traurig sind.

Er sagt zu ihnen:
„Alles ist gekommen, wie Gott es gewollt hat.
So steht es in den Schriften der Propheten.
Warum glaubt ihr nicht?“

Sie kommen nach Emmaus.
Die Jünger bitten den Wanderer:
„Bleib bei uns zur Nacht."

Bei Tisch nimmt Jesus das Brot
und dankt Gott dafür.
Er bricht es in Stücke und gibt es ihnen.
Da gehen ihnen die Augen auf.
Sie sehen, dass es Jesus ist.

Im gleichen Augenblick ist Jesus verschwunden.
Aber nun sind sie nicht mehr traurig.
Sie sagen zueinander: „Es war Jesus!
Ist uns nicht das Herz ganz heiß geworden,
als er auf dem Weg mit uns gesprochen hat?“

Noch in dieser Nacht gehen die beiden
zurück nach Jerusalem.
Sie erzählen den anderen Jüngern:
„Jesus lebt, er ist wirklich auferstanden!
Wir haben ihn gesehen.
Wir haben ihn erkannt, als er uns das Brot gab."

Auf einmal steht Jesus selbst unter ihnen.
Sie erschrecken.
Jesus sagt:
„Habt keine Angst!
Ich bin es wirklich.“

Jesus sagt:
„Gott hat es so gefügt,
dass ich für euch sterbe.
Aber er hat mich nicht im Tod gelassen.
Er hat mich auferweckt.“

Jesus ist auferstanden

Die Geschichte von Jesu Leiden, Sterben und Auferstehen ist vielen Menschen bei uns vertraut. Kein anderes Thema ist in der christlichen Kunst so oft dargestellt worden. Durch die Passionen J. S. Bachs lebt die Leidensgeschichte im Bewusstsein zahlreicher Menschen. So werden Erwachsene kaum Schwierigkeiten haben, die stark geraffte Bildfolge zu verstehen und mögliche Fragen der Kinder zu beantworten. Mancher vermisst vielleicht bekannte Szenen wie die Verleugnung des Petrus oder die beiden mitgekreuzigten Schächer. Warum sollte man das nicht den Kindern zusätzlich erzählen? Gewisse Fragen werden allerdings auch für den, der die biblischen Berichte in vollem Umfang kennt, ohne Antwort bleiben. Wie kommt Judas zu seinem Verrat? Warum wollen die führenden Kreise Jesus beseitigen? In der Bibel gibt es dazu Hinweise (z. B. Lukas 22,3-6; Matthäus 27,18; Markus 3,1-6 und 11,15-18; Johannes 11,46-53). Aber sie reichen nicht aus, um unsere Neugier zu befriedigen und ein lückenloses Protokoll der Vorgänge zu erstellen. Insbesondere erlauben die überlieferten Angaben nicht, den „Prozess Jesu" noch einmal aufzurollen. Wer trägt die Hauptschuld an Jesu Tod, die Juden oder die Römer?
Es ist ein trauriges Kapitel, dass Christen im Lauf der Jahrhunderte immer wieder der Versuchung erlegen sind, aufgrund der Kreuzigung Jesu die Juden in ihrer Gesamtheit als „Gottesmörder" zu diffamieren und zu verfolgen. „Sein Blut komme über uns und unsere Kinder", so ruft zwar nach Matthäus 27,25 die aufgeputschte Menge vor Pilatus. Aber das ist im Grunde vor und zu Gott gesprochen und gibt keinem Menschen das Recht, sich selber das Rächeramt anzumaßen. Gibt es hier überhaupt etwas zu rächen? Christen haben seit je die Passion Jesu so begleitet, dass sie fühlten: Wir haben hier niemand zu verurteilen. Was Jesus ans Kreuz gebracht hat, ist die Schuldenlast der Welt, an der wir alle teilhaben. Wir werden deshalb die Geschichte von Jesu Leiden und Sterben nur recht verstehen, wenn wir uns selber mit unter das Kreuz stellen und mit Paul Gerhardt sprechen:

Nun, was du, Herr, erduldet,
ist alles meine Last;
ich hab es selbst verschuldet,
was du getragen hast.

Können wir den Kindern wenigstens ansatzweise diese Sicht nahe bringen? Das Bild, das den sterbenden Jesus zeigt, könnte dazu anregen: Es war der Wille des himmlischen Vaters, dass Jesus für alle Menschen starb. Die Kinder sollten die Geschichte so erleben können, dass sie spüren: Jesus hat mich lieb. Er leidet für uns alle, auch für mich.
Die zweite Hälfte des Berichtes spricht mehr als die erste für sich selbst. Jesus lebt: Das kann man hier unmittelbar mit den Jüngern miterleben.

Die Geschichte vom Leiden, Sterben und Auferstehen Jesu findet man in allen vier Evangelien, in jedem mit einem besonderen Akzent: bei Matthäus in Kapitel 26 bis 28, bei Markus in Kapitel 14 bis 16, bei Lukas in Kapitel 22 bis 24, bei Johannes in Kapitel 18 bis 21. Die sehr ausführlich erzählte Geschichte von den beiden Jüngern auf dem Weg nach Emmaus (so heißt das Dorf, gesprochen Emma-us) steht bei Lukas in Kapitel 24, Verse 13-35.

Himmelfahrt und Pfingsten

In den nächsten Tagen
geschieht es noch öfter:
Die Jünger sind beieinander
und Jesus kommt zu ihnen.
Die Jünger fragen Jesus:
„Wirst du jetzt König über Israel
und die ganze Welt?“

Jesus sagt:
„Zuerst muss noch viel geschehen.
Geht in die Welt hinaus,
erzählt allen Menschen von mir.
Tauft sie.
Sagt ihnen:
Gott hat euch lieb.
Ihr seid seine Kinder,
ihr gehört zu Jesus.“

Jesus geht mit seinen Jüngern auf den Ölberg.
Er sagt:
„Ich gehe jetzt zu Gott.
Aber ich bleibe euch nah.
Ich schicke euch den Heiligen Geist.
Der gibt euch Kraft und Mut.
Geht als meine Boten in die ganze Welt!“

Plötzlich sehen sie Jesus nicht mehr.
Sie starren auf den Platz,
wo er eben noch stand.

Da stehen zwei Engel.
Sie sagen:
„Jesus ist jetzt im Himmel, bei Gott.
Er wird einmal wiederkommen.
Tut, was er euch gesagt hat.“

Die Jünger kehren zurück nach Jerusalem.
Sie gehen in das Haus,
in dem sie zuletzt mit Jesus zusammen waren.

Sie bleiben die ganze Zeit zusammen.
Sie beten miteinander.
Auch die Mutter von Jesus und seine Brüder sind dort,
und noch viele Freunde von Jesus,
Männer und Frauen.

Das Pfingstfest ist da.
Jerusalem ist voller Menschen.
Fromme Juden aus aller Welt sind gekommen.
Sie sprechen viele verschiedene Sprachen.

Auf einmal braust ein Sturm vom Himmel.
Das ganze Haus ist voll Feuer und Licht.
Es wärmt und leuchtet, aber es brennt nicht.
Die Jünger loben und preisen Gott.

Die Menschen laufen herbei.
Sie staunen:
Jeder hört die Jünger
in seiner eigenen Sprache reden.

Petrus tritt aus dem Haus.
Er sagt: „Wundert euch nicht!
Ihr wisst, man hat Jesus ans Kreuz genagelt.
Aber er lebt, er ist bei Gott.
Er hat uns den Heiligen Geist geschickt.
Glaubt an Jesus und kommt zu uns!
Lasst euch taufen."

Viele Menschen kommen herbei.
Sie lassen sich taufen.
Sie bleiben zusammen und danken Gott.
Sie helfen einander.
Sie sind eine große Familie.
Keiner muss hungern.

Himmelfahrt und Pfingsten

Jesus lebt, er ist auferstanden! Erst langsam begreifen die Jünger, was da geschehen ist. Jesus ist nicht in der Gewalt des Todes geblieben. Das bedeutet zugleich: Gott hat sich auf seine Seite gestellt. Er hat sich zu dem Ausgestoßenen bekannt, der am Kreuz einen schmählichen Tod gestorben ist.

In den Augen der Menschen ist Jesus gescheitert. Das Gottesreich, das er verkündet hatte, ist nicht in Macht und Sichtbarkeit angebrochen, wie es die Menschen erwartet hatten. Aber auch seine Auferstehung bedeutet nicht, wie die Jünger erhoffen, dass sich jetzt sogleich alle diese Erwartungen erfüllen. Was hat sich eigentlich geändert dadurch, dass Jesus vom Tod auferstanden ist?

Jesus ist nicht so ins irdische Leben zurückgekehrt wie etwa die Tochter von Jaïrus, die er aus dem Tod zurückgeholt hat. Seine Auferstehung ist nicht ein Aufschub des unabwendbaren Todesaugenblicks um ein paar Jahre. Sie ist der Eintritt in ein Leben, das keinen Tod mehr vor sich hat: die Aufnahme in den Machtbereich Gottes, den man herkömmlicher- und missverständlicherweise „Himmel" nennt. Gott hat Jesus aus dem Tod an seine Seite geholt. Er hat ihn in seinem – für uns noch unsichtbaren – himmlischen Reich zu dem „König" gemacht, dem alle Mächte Untertan sind und an dem sich das Schicksal aller Menschen entscheidet. „Mir ist gegeben alle Macht im Himmel und auf Erden", wird Jesus beim Abschied seinen Jüngern sagen (Matthäus 28,18-20).

Das ist grundsätzlich mit der Auferweckung an Ostern geschehen und es braucht dazu eigentlich keine besondere „Himmelfahrt". Wenn der Auferstandene sich an Ostern und danach seinen Jüngern zeigt, kommt er nicht aus dem Grab, sondern von seinem himmlischen Thron, wie das der „ungläubige Thomas" erkennt, wenn er vor ihm niederfällt: „Mein Herr und mein Gott!" (Johannes 20,28) Trotzdem gibt es nach Ostern eine besondere, nicht wiederkehrende Zeit, in der der erhöhte Herr sich seinen Jüngern mehrfach zeigt, bis er ihnen mit seiner „Himmelfahrt" deutlich macht, dass sein Platz beim Vater ist und er ihnen fortan in anderer Form nahe sein wird.

Die Gegenwart des Auferstandenen in anderer Form: Das ist es, was die Jünger am Pfingstfest erfahren. In dem Geist, der hier von ihnen Besitz ergreift, kommt Jesus selbst zu ihnen – und mit ihm der Anfang jenes Lebens, das er an Ostern vom Vater empfangen hat. Äußere Erscheinungen, wie sie vom ersten Pfingstfest berichtet werden, können nur Hinweise sein auf das, was hier geschieht: Christus nimmt Wohnung in den Herzen der Menschen, die ihm glauben. Das ist im Tiefsten der Sinn des Pfingstfestes, der Sendung des Heiligen Geistes. Die Gegenwart Jesu durch seinen Geist aber macht die kleine Jüngerschar fähig, die Botschaft vom wahren König als seine Zeugen hinauszutragen „bis ans äußerste Ende der Erde" (Apostelgeschichte 1,8).

Von Himmelfahrt und Pfingsten erzählt Lukas in seinem Evangelium, Kapitel 24, Verse 50-53, und in der Apostelgeschichte, Kapitel 1, Verse 1-11, und Kapitel 2.

Ein Afrikaner wird getauft

Ein Wagen fährt durch Jerusalem.
Darin sitzt ein Mann.
Der Mann kommt aus einem fernen Land, aus Afrika.
Es ist ein Minister der Königin von Äthiopien.

Der Wagen hält vor dem Tempel.
Der Afrikaner steigt aus.
Er geht in den Tempel.
Er will beten.

Jetzt fährt er wieder heim.
Er hat ein Buch gekauft.
Ein Prophet hat das Buch geschrieben.
Der Afrikaner liest darin.
Er versteht es nicht.

Am Weg steht Philippus.
Philippus ist einer von den Jüngern in Jerusalem.
Gott sagt zu Philippus:
„Der Mann im Wagen braucht dich.
Hilf ihm!“

Philippus fragt den Afrikaner:
„Was liest du da? Verstehst du es auch?“
Der Afrikaner sagt:
„Ich verstehe es nicht.
Komm zu mir in den Wagen.
Erkläre es mir!“

Sie lesen miteinander in dem Buch.
Dort steht:
„Er hat alles schweigend erduldet,
wie ein Schaf, das zum Schlachten geführt wird.
Aber Gott hat ihn gerettet.
Er wird viele Kinder haben,
eine große Familie."

Der Afrikaner fragt:
„Von wem redet der Prophet?"
Philippus sagt:
„Er redet von Jesus."
Philippus erzählt dem Afrikaner alles über Jesus.
Er sagt ihm:
„Jeder ist eingeladen zu dieser großen Familie.
Wer Jesus vertraut und sich taufen lässt,
der gehört zu Jesus."

Der Afrikaner sagt:
„Ich möchte zu Jesus gehören.
Da ist Wasser! Taufe mich!“

Philippus und der Afrikaner steigen vom Wagen.
Sie ziehen ihre Kleider aus und gehen ins Wasser.

Philippus sagt:
„Ich taufe dich im Namen Gottes –
des Vaters, des Sohnes und des Heiligen Geistes.
Du bist jetzt ein neuer Mensch.
Du gehörst Jesus.“

Als der Afrikaner aus dem Wasser kommt,
ist Philippus verschwunden.
Philippus hat alles getan, was er sollte.
Gott braucht ihn jetzt anderswo.

Der Afrikaner steigt auf den Wagen.

Der Afrikaner fährt weiter.
Er fühlt sich wie neu geboren.
Er ist glücklich.

Er sagt:
„Ich bin getauft.
Ich gehöre zu Jesus.
Jetzt habe ich ein neues Leben."

Noch viele Menschen in der Welt hören von Jesus.
Sie fangen ein neues Leben an.
Sie freuen sich, dass Gott sie lieb hat.
Sie freuen sich, dass sie zu Jesus gehören.
Sie helfen einander.
Sie sind eine große Familie.

Dort, wo Menschen zu Jesus gehören,
kehrt Frieden ein.
Gott liebt die Menschen.
Alle Menschen sollen es hören:
Jesus ist da.
Er bringt den Frieden.

Ein Afrikaner wird getauft

Juden aus aller Welt kamen zu den Festzeiten in die heilige Stadt Jerusalem mit ihrem Tempel, wo man sich dem Gott Israels in besonderer Weise nahe wusste. Ab und zu waren auch Nichtjuden unter den Pilgern. Sie hatten sich der jüdischen Gemeinde angeschlossen – mehr oder weniger eng, je nachdem, ob sie bereit waren, die Vorschriften des Mose-Gesetzes (Beschneidung, strenge Sabbatruhe, Reinheitsgebote) in vollem Umfang zu befolgen oder nicht.
Auch der hohe Hofbeamte der Königin von Äthiopien hat wohl durch Juden, die in sein Land kamen, vom Gott Israels und seinem Tempel gehört. Aber es gibt etwas, das ihn von der Gemeinde Gottes ausschließt. Der griechische Bibeltext nennt ihn „Eunuch", und es ist bekannt, dass die Hofbeamten von Königinnen im Altertum Kastraten waren. Als Kastrat kann der Äthiopier nach der Vorschrift von 5. Mose/ Deuteronomium 23,2 nicht Vollmitglied der jüdischen Gemeinde werden. Auch im Tempel darf er nur den äußeren Vorhof, den „Vorhof der Heiden", betreten, also nicht unmittelbar an den Opfergottesdiensten teilnehmen.
Trotzdem – die Nähe der heiligen Stätte war dem Mann aus Afrika so viel wert, dass er den weiten Weg auf sich nahm. Solch eine Reise macht man vielleicht nur einmal im Leben. Nun ist alles vorbei. Sind seine Erwartungen erfüllt? Ein Andenken hat er mitgenommen, ein heiliges Buch, ein Stück von Gottes Wort. Das geht mit ihm. Darin liest er.
Aber er versteht es nicht. Geheimnisvolle Andeutungen findet er; aber von wem ist die Rede? Der Prophet spricht ahnungsvoll von dem Einen, der für alle in den Tod geht (Jesaja 53, Verse 7 und 8). Da schickt der Geist Gottes ihm den Mann, der die rätselhafte Schrift deuten kann. Im Altertum war es üblich, das Gelesene halblaut vor sich hinzusprechen. Darum ist Philippus sofort im Bild und kann die richtige Frage stellen. Und dann braucht er dem Äthiopier nur noch von Jesus zu erzählen, der vollbracht hat, was der Prophet ahnend vorausgesagt hat.
Was Philippus erzählt, macht dem Afrikaner deutlich: Du musst Gott nicht mehr im Tempel in Jerusalem suchen. In Jesus Christus ist er dir ganz nahe gekommen. Du bist deshalb auch nicht mehr Mitglied zweiter oder dritter Klasse in der Gemeinde Gottes. Seit Jesu Tod und Auferstehung gilt nicht mehr, *ob einer Jude ist oder nicht ob er beschnitten ist oder nicht ob er Barbar ist oder gar Skythe … Es gibt nur noch Christus, der in allen lebt und der alles wirkt.* (Kolosser 3,11)
Durch die Taufe werden Menschen in die Gemeinschaft mit Christus und zugleich in die neue, umfassende Gemeinschaft der durch ihn erlösten Menschen aufgenommen. Der Äthiopier ergreift die Gelegenheit – und damit ist die Geschichte an ihr Ziel gekommen. Wir erfahren von ihm nichts weiter, als dass er, nachdem er die Erfüllung seines Lebens gefunden hat, „voll Freude" seines Weges zog.

Die Geschichte von Philippus und dem Afrikaner steht in der Apostelgeschichte, Kapitel 8, Verse 26-39.